Se préparer à parler ?   Devoir parler ?   Vouloir parler ?

60 MINUTES

POUR MIEUX

PARLER EN PUBLIC

KEVIN ABDULRAHMAN

« COACH DES STARS DANS L'ART ORATOIRE »

i

KEVIN ABDULRAHMAN

La plupart des gens
ne garantissent pas des résultats
rapides.

Moi, oui.

À PROPOS DE L'AUTEUR

Coach des Stars dans l'art oratoire

La longue liste de clients de Kevin Abdulrahman comprend des acteurs, actionnaires, ambassadeurs, PDG, cadres supérieurs, membres de comités d'administration, directeurs exécutifs, délégués, entrepreneurs, leaders d'opinion, partenaires, Présidents et membres de familles royales.

INTRODUCTION

Investir en vous-même est le meilleur investissement que vous puissiez réaliser.

Comme je suis moi-même un orateur et un ambassadeur international, je peux vous confirmer que parler avec conviction est d'une importance cruciale.

Je connais Kevin depuis des années. Il est réputé pour ses talents à former des *dirigeants internationaux* afin qu'ils atteignent un excellent niveau de communication et d'expression orale.

Sa force intérieure et ses atouts résident dans ses capacités à tisser des liens et à transmettre ses connaissances aux autres.

J'ai pris beaucoup de plaisir à lire ce livre, car Kevin a toujours réussi à rendre ses leçons d'art oratoire très divertissantes et concrètes. Dans l'un de ses chapitres, il parle de « *peindre le tableau* », et sur base de mon expérience personnelle, je peux vous dire que rien que cette idée m'a permis d'améliorer considérablement les discours que j'ai prononcés devant des publics du monde entier.

Les meilleurs dirigeants, professionnels et individus en général restent souvent dans les mémoires grâce à leurs talents d'orateur.

Le temps où vous pouviez vous cacher derrière votre bureau est révolu.

Si vous voulez être pris sérieusement, convaincre des investisseurs pour un projet, persuader les membres de votre équipe, diriger avec influence ou parler pour être réellement entendu, vous devez aiguiser vos talents de communication en public.

À l'heure actuelle, soit on s'attend à ce que vous parliez, soit vous devrez parler. Comme l'explique Kevin : « *Vous ne pouvez pas échapper au fait de parler en public.* »

Kevin s'est attaqué à un sujet important (et un peu effrayant) et il l'a décortiqué pour créer un guide facile à lire (et à suivre). Tout le monde peut s'améliorer, mieux communiquer et se sentir mieux – en 60 minutes.

Kevin maîtrise tellement bien le sujet de l'art oratoire qu'il est parvenu à expliquer un thème sérieux en toute simplicité.

Rien que le dernier argument parle de lui-même.

Quand vous lirez ce livre, vous comprendrez ce que je veux dire.

Si vous avez besoin d'un guide rapide pour mieux parler alors que vous manquez de temps, ce livre est pour vous.

60 minutes seront suffisantes pour améliorer vos talents d'orateur.

Retenez bien ceci : ce livre sera l'un des meilleurs investissements que vous pourrez réaliser dans votre vie.

Son Excellence Sheikh Mohammed Bin Abdullah Al Thani,
« Le premier Qatari à gravir l'Everest »

DÉDICACE

Vous seul pouvez extraire la vraie valeur des mots écrits.

Apprenez, appliquez et n'arrêtez jamais d'améliorer vos compétences orales.

Vous faites autant partie de ce livre que ce livre fera bientôt partie de vous.

REMERCIEMENTS

Ce livre est un travail animé par l'amour. Un résultat distillé qui provient de dizaines de milliers d'heures passées à travailler avec quelques-uns des meilleurs leaders d'opinion, personnalités et grands esprits de cette planète.

Tous les nommer nécessiterait un deuxième livre. Je leur suis éternellement reconnaissant et je ne les remercierai jamais assez pour le temps passé en leur compagnie et les moments que nous partageons encore.

Vous êtes ma source d'inspiration et vous représentez l'ensemble de ce que ce livre offre aujourd'hui.

Pour que le concept fonctionne, un long processus d'élimination a dû s'opérer.

La suppression de beaucoup d'éléments était inévitable pour ne garder que les meilleures techniques à appliquer.

QUE SIGNIFIE L'ART ORATOIRE ?

Si vous projetez de communiquer un message spécifique à un groupe de personnes pour obtenir un résultat spécifique, vous parlez en public, c'est donc de l'art oratoire.

Si vous voulez influencer les membres d'un conseil de direction, diriger une réunion du personnel, devenir l'ambassadeur de votre société pour la représenter, transmettre un sermon, présenter votre projet, vous n'aurez d'autre choix que de vous lever et parler.

Dans ce monde très concurrentiel, les personnes économes à la recherche du succès savent que leurs compétences orales représentent un atout crucial.

Certains s'en rendent compte plus tôt que d'autres.

Mais tout le monde arrive à la même conclusion, il n'est pas possible d'échapper aux discours en public.

L'art oratoire est indispensable pour toute personne, professionnel ou dirigeant, peu importe votre activité.

Communiquer efficacement s'impose comme une exigence qui s'applique à toute personne et à tous les niveaux.

J'ai eu l'occasion de faire le tour de la question.

J'ai déjà observé beaucoup trop de personnes prendre la parole et mal communiquer, alors que d'autres ne saisissent pas leur opportunité de parler et de réussir, et certains vont même jusqu'à disparaître lorsque l'on a besoin d'eux pour éviter de devoir parler, ne serait-ce que deux minutes.

Vous avez peut-être laissé l'art oratoire de côté en pensant que vous pourriez vivre sans. Ou peut-être que comme beaucoup d'autres aujourd'hui, vous étiez tellement absorbé par votre travail que cette compétence spécifique a été oubliée.

Vous n'êtes pas le seul.

La plupart des gens ne sont pas à l'aise lorsqu'ils doivent parler en public.

Ils pensent qu'ils peuvent faire mieux.

Les défis que pose l'art oratoire ne disparaissent pas du jour au lendemain, même si vous le souhaitez. Vous ne pouvez pas non plus essayer de contourner la difficulté. Ça ne fonctionnera pas.

Donc le mieux est d'affronter la question de la manière la plus simple et la plus efficace possible, comme pour résoudre tout défi, et sortir conquérant après avoir affronté ce défi sans détour.

« La seule issue à un problème,

c'est de l'affronter »

Anonyme

QUEL EST VOTRE CAS DE FIGURE ?

i)   Vous n'avez jamais pensé à l'art oratoire.
ii)   Vous étiez occupé et la question ne s'est jamais posée.
iii) Vous avez acheté plein de livres que vous n'avez jamais lus.
iv)   Les gens s'attendent à vous voir parler, vu votre position.
v)   Vu votre métier, vous ne pouvez pas y échapper.
vi)   Vous voulez devenir un grand orateur en public.

Aujourd'hui, nos contrats de consultation, en partenariat avec des sociétés privées et des organisations publiques, prennent en charge la majorité des formations en communication à tous les niveaux.

Les meilleures équipes de travail veulent que *tous* leurs membres puissent parler avec *conviction*, depuis les représentants commerciaux et managers intermédiaires jusqu'aux cadres supérieurs, administrateurs et Présidents.

Pourquoi ? Parce que :

Votre capacité à vous exprimer avec détermination et parler avec conviction vont influencer la manière avec laquelle le public *vous* perçoit, votre valeur, vos produits, vos services, votre société, votre marque, et finalement vos compétences et votre crédibilité.

Mais vous CONNAISSEZ déjà tout ça !

SUR UNE ÉCHELLE DE 1 A 10

COMMENT JUGEZ-VOUS VOS COMPÉTENCES ORALES

EN PUBLIC ?

1   2   3   4   5   6   7   8   9   10

Pas vraiment à l'aise   Confiance totale

(si c'est 10, vous ne
devriez pas lire ce livre.)

« Tous les grands orateurs

étaient mauvais à leurs débuts »

Ralph Waldo Emerson

PRÉFACE

J'ai écrit ce livre sans me soucier des éditeurs, distributeurs ou vendeurs.

Je l'ai écrit seulement pour vous, vous qui voulez mieux vous exprimer en public.

Comme l'a écrit la comédienne Tina Fey, en citant Lorne Michaels, son boss de « Saturday Night Live » : le show ne continue pas parce que tout est prêt, il continue parce qu'il *est l'heure*.

Vous cherchez quelque chose de concis et de complet.

Vous avez choisi ce livre pour une raison particulière.

Vous avez 60 minutes et pas une minute de plus

Vous êtes en mode « fast and furious », car vous avez attendu la dernière minute pour préparer votre discours ou votre présentation.

Vous devez être convaincant.

Vous voulez des idées et des techniques percutantes à appliquer immédiatement.

J'ai travaillé d'arrache-pied pour m'assurer que chaque mot de ce livre (et les dizaines de milliers non repris) puisse vous aider *immédiatement* à mieux parler en public.

J'ai constitué ce livre pour créer une référence (survivre et progresser) à utiliser chaque fois que vous devez prendre la parole.

Je veux que vous *preniez plaisir* à parler en public comme des milliers d'autres personnes à travers le monde à qui j'ai appris à aimer cela à travers mes séminaires – d'une manière préparée et détendue.

Les idées et techniques s'avèrent faciles à exécuter, mais elles sont *importantes* pour constater une différence dans vos résultats.

Si vous sentez que l'heure du show approche, ne vous inquiétez pas, *j'assure vos arrières* !

60 minutes pour mieux parler en public vous aidera à devenir un meilleur orateur.

Je vous en fais la promesse.

Ces techniques ont fonctionné avec des Présidents.

Elles fonctionneront pour vous aussi.

Vos 60 minutes commencent MAINTENANT !

1. ÉCOUTEZ VOTRE MAMAN

Vous pouvez vous sentir mal à l'aise à l'idée de parler en public.

Anxiété, stress, rigidité au niveau du cou, gorge enrouée, bouche sèche, et même l'idée de faire croire que vous êtes malade (une manœuvre que j'ai vue bien trop souvent) à cause d'un discours en public que vous devez donner.

Quand j'étais petit, Maman disait toujours :

« *Kevin, stop.* Prends le temps de respirer lentement et profondément. *10, 9 , 8, 7, 6, 5, 4, 3, 2, 1. Parfait, maintenant va conquérir le monde.* »

Je sais ce que vous pensez.

J'ai pensé exactement la même chose.

Quel est le rapport entre la respiration et la disparition de mes peurs liées au fait de parler en public ?

Sans entrer dans les détails scientifiques, quand vous vous arrêtez pour prendre de longues et profondes inspirations, vous remplissez au maximum vos poumons et votre cerveau d'oxygène.

Vous allez aussi ressentir que tout *ralentit* (comme si vous étiez dans un film) et vous allez commencer à vous sentir plus détendu.

Assurez-vous d'inspirer au maximum et de remplir totalement votre diaphragme (la zone juste en dessous de votre cage thoracique). Une bonne inspiration devrait faire ressortir votre estomac comme si vous aviez avalé l'équivalent d'une semaine de nourriture en un seul repas.

Ma maman est maintenant votre maman, vous devez donc l'écouter.

Inspirez et expirez longuement dix fois de suite.

Cela ne vous prendra pas plus de 2 minutes.

Deux minutes qui feront toute la différence.

« Le ciel au-dessus de moi, la terre en dessous, le feu à l'intérieur. »

SKYRIM

2. LE SECRET EST DÉVOILÉ

J'ai aidé des dizaines de milliers de clients de tous les horizons en partageant un secret avec eux.

Aimeriez-vous savoir de quoi il s'agit ?

Approchez-vous, pour que je puisse vous le dévoiler à vous aussi.

Amusez-vous.

Vous êtes en train de vous dire : « Kevin, je suis un intellectuel, je dois parler d'un sujet qui pourrait être qualifié d'ennuyeux, mais qui est important.

Je vous répondrai la même chose – Amusez-vous.

Beaucoup de gens, vous y compris, ont oublié cette capacité et ce désir de s'amuser propre à tout être humain.

Vous donnez votre maximum quand vous vous amusez et honnêtement, le fait que vous soyez devenu sérieux et mature en grandissant m'importe peu, vous savez toujours comment vous amuser. Vous l'avez déjà fait à un moment donné de votre vie.

Dites-moi, quand avez-vous assisté pour la dernière fois à un discours, une formation, une conférence de presse, un événement commercial ou à une conférence avec l'intention volontaire *de vous ennuyer au point de mourir ?*

Jamais.

Croyez-moi quand je vous dis que votre public (peu importe la situation) n'est pas plus différent que vous et moi.

Il ne veut pas s'ennuyer et être plongé dans un coma par leur orateur.

Il *adorerait* s'amuser et participer en vous écoutant parler (même s'il s'agit d'un sujet sérieux).

S'amuser est une philosophie.

Et si vous optez pour cette attitude, vous apprendrez mieux, vous vous efforcerez à affiner vos idées, vous rassemblerez vos meilleurs accomplissements, vous renforcerez vos compétences de communication en public et vous sauterez avec audace sur chaque opportunité qui se présente à vous.

Quand vous vous amusez, votre public est beaucoup plus réceptif à vos réflexions, vos idées et vos suggestions.

Quand vous vous amusez, votre public voit en vous une personne à l'aise, charismatique, confiante et maître de son intervention.

Alors, dites-moi que ce n'est pas ce que vous voulez ?

Bien sûr que c'est ce que vous voulez.

3. ÇA POURRAIT ÊTRE PIRE

Voici une autre question que je pose à mes clients.

Quel pourrait être le pire résultat possible après un discours en public ?

J'aimerais que vous notiez vos réponses ci-dessous.

_____

_____

En général, tout le monde survit malgré les résultats.

Et si ce n'est pas le cas, lire ce livre et vouloir des réponses constitue une solution irréaliste par rapport à ce que vous voulez.

Si ça ne met pas votre vie en danger, relax.

« Même si vous tombez

la tête la première, vous continuez

d'aller de l'avant »

Robert Gallagher

4. UNE PETITE CONSTATATION

Il se peut que vous soyez inquiet de ce que votre public va penser à l'heure de prendre la parole pour délivrer votre message.

Laissez-moi vous expliquer ce que le public ne pensera pas :
« *Ha ha ha, regarde-le. Il est tellement nerveux. La gêne.* »

Ce que le public va penser (99,99 % du temps), c'est :
« Purée, je suis bien content de ne pas être à sa place. »

« Si vous traversez l'enfer,

continuez d'avancer »

Winston Churchill

5. CIBLEZ BIEN VOTRE DISCOURS

À l'heure de transmettre un message, les gens expliquent souvent à quel point ils ont du talent, ou tout l'intérêt de leur société et de la magnifique ligne de produits qu'ils peuvent offrir.

STOP !!!

Vous pouvez en parler, mais évitez le piège de transmettre un message qui ne cible que des éléments extérieurs à vous (et ce que vous représentez).

L'ensemble de votre message doit être ciblé grâce à un principe de vie simple : « QCVM » — Qu'est-ce que Ca Va M'apporter ?

À chaque fois que vous élaborez votre message, demandez-vous : « qu'est-ce que ça va apporter à mon public ? »

Si vous avez de l'expérience dans la vente, vous savez alors que les gens n'achètent pas des fonctionnalités (mauvaise cible).

Ils achètent des avantages (bonne cible).

Savoir à quel point vous ou votre groupe est talentueux n'est pas important. L'essentiel, c'est d'expliquer comment votre public va bénéficier de ce que vous avez à offrir.

Vous devez toujours vous souvenir de cet élément crucial.

Pensez à cibler avant de vous exprimer.

« Le but d'une communication efficace,

c'est que les auditeurs disent

« Moi aussi ! » au lieu de « Et alors ? »

Jim Rohn

6. LA PEUR ET VOUS

Quelques-unes des peurs les plus courantes que vivent les gens qui doivent parler en public :

La peur de l'inconnu

La peur d'être rejeté

La peur d'avoir l'air ridicule

La peur de l'exclusion

La peur d'une mésaventure passée

La peur de se tromper

La peur de perdre connaissance

La peur d'avoir l'air incompétent

La peur de ne pas avoir l'air naturel

La peur de ne pas être apprécié ou aimé

Appliquez ce que je partage avec vous dans ce livre, et chacune de ces peurs finira par s'évanouir dans la nature.

Votre passé n'est pas votre futur.

Et si vous faites une erreur quand vous prenez la parole, et alors ?

Ça arrive même aux meilleurs d'entre nous.

Toutes ces peurs découlent de vos expériences passées, des expériences des autres et d'un point de référence incorrect : *vous*.

Il est temps de les affronter.

« Je ne dois pas avoir peur.

La peur tue l'esprit. La peur est la petite mort qui mène à l'anéantissement total.

J'affronterai ma peur.

Je ne la laisserai pas s'immiscer en moi et me dominer. Et quand je l'aurai dépassée je la regarderai du coin de l'œil.

Quand la peur aura disparu,
il ne restera rien.

Il ne restera que moi.

Frank Herber

7. « WHY SO SERIOUS ? »

Vous devez donc donner un discours en public.

Pourquoi être si sérieux ?

S'il vous arrive d'être anxieux, vous finirez par tout mélanger.

Vous pensez que tout tourne autour de vous.

Flash info ! Tout ne tourne *pas* autour de vous.

Tout tourne autour de votre public.

Votre rôle est de transmettre un message.

Votre rôle est de prendre soin de votre public.

De bien en prendre soin et de vous assurer qu'il reçoive le message voulu.

Avez-vous déjà reçu un sourire d'un parfait inconnu alors que vous marchiez dans la rue ?

Dans la plupart des cas, la réponse la plus instinctive et naturelle serait de sourire à son tour.

Une loi humaine existe, aussi facile dans son application que puissante lors des résultats.

Il s'agit de *l'éthique de réciprocité*, selon laquelle nous, en tant qu'êtres humains, avons tendance à exprimer les mêmes sentiments que ceux que nous recevons.

Les gens ne veulent pas savoir à quel point vous connaissez quelque chose tant qu'ils *savent à quel point vous vous intéressez à quelque chose.*

Nous apprécions ceux qui nous apprécient.

Nous aimons ceux qui nous aiment.

Nous accordons de l'importance à ceux qui s'intéressent à nous.

Il vous faudra beaucoup d'efforts pour trouver quelqu'un que vous appréciez, mais qui ne vous apprécie pas en retour. Si vous y arrivez, félicitations, mais ces gens-là sont rares.

Prenez soin de votre public.

Il le verra, il appréciera le geste et réciproquement à ce sentiment, il s'intéressera à vous et vous écoutera.

8. REQUALIFIEZ VOS SENTIMENTS

Souvenez-vous de votre premier rendez-vous amoureux.

Excité. Nerveux. Anxieux. Le cœur battant. Des papillons dans le ventre. Quelques-uns de ces symptômes ou tous à la fois.

Mais vous les qualifiez de manière *positive* !

Vous contrôlez les qualificatifs que vous donnez à vos sentiments.

À chaque fois. C'est pareil avec la communication en public.

Requalifiez vos sentiments.

Qualificatif inutile	Nouveau qualificatif positif
Anxiété	Parfait. Vous êtes en vie
Crise de panique	Excité
Nervosité	Vous êtes une rock star qui a pour but de faire de son mieux
Inquiétude	Tout comme avoir un bébé. Mais c'est aussi beaucoup de plaisir
Insomnies	Parfait. Plus de temps pour vous entraîner.

Les meilleurs orateurs utilisent des petits jeux de manipulation.

Ça marche bien pour eux.

Ça marchera aussi pour vous.

« Tournez-vous vers le soleil

et l'obscurité tombera derrière vous »

Proverbe maori

9. ÉVALUEZ LA CONCURRENCE

Si vous étiez sur un ring de boxe, face à un rival invaincu, deux fois plus large et trois fois plus grand que vous, oh, et j'ai failli oublier, il est considéré comme le champion du monde dans sa catégorie. Bonne chance !

Il est assez clair que vous ne gagnerez pas ce match.

Bonne nouvelle. Vous n'êtes pas sur un ring de boxe.

Mauvaise nouvelle. Votre rival est bien plus imposant que ce que je viens de décrire.

Lorsque vous parlez, vous êtes face à une machine qui est souvent considérée comme la plus puissante de l'histoire de l'humanité.

Vous n'avez pas affaire à un Smartphone ou à une tablette.

Vous êtes face à l'*esprit* dans toute sa splendeur.

En moyenne, la plupart des gens débitent entre 120 et 180 mots par minute. Une vitesse d'escargot en comparaison aux plus de 400 mots par minute que le cerveau peut traiter.

Par conséquent : si vous offrez une prestation ennuyeuse, banale ou mauvaise, un fossé infranchissable se créera entre vous qui parlez et l'esprit de votre public en quelques minutes.

> « Le plus gros problème en communication, c'est *l'illusion* d'en avoir un »
>
> George Bernard Shaw

Et si ce n'était pas suffisant, j'ai une autre mauvaise nouvelle.

Le terme clinique T.D.A était utilisé pour décrire une minorité constamment agitée.

Grâce à tous les bips, tweets, pings, sonneries et sons mentaux, je dirais que tout le monde souffre aujourd'hui de T.D.A (et si je peux me permettre, vous êtes au sommet de cette liste).

Si ça, ce n'est pas un match brutal !

Solution :

Soyez net et vif d'esprit.

Allez directement à l'essentiel.

Comment ?

Poursuivez la lecture.

10. TRACEZ LA LIGNE D'ARRIVÉE

Il est fort probable que vous soyez un expert dans le thème de votre discours.

Vous pourriez donc parler pendant des semaines de votre sujet sans vous arrêter.

Intuitivement, vous pensez que c'est une *bonne chose.*

Et non, bien du contraire.

Votre public ne vous donnera pas plus de quelques minutes de son temps, encore moins une semaine entière.

Votre public est préoccupé par d'autres problèmes urgents.

Ils n'ont pas de temps à perdre avec du bavardage inutile.

Si vous n'allez pas *droit au but*, vous n'aurez même pas une minute.

La plupart des gens envisagent de créer leur message à partir d'un point de départ.

Ça peut sembler être une bonne idée. Mais ce n'est pas le cas.

Deux questions importantes restent sans réponse, avec pour conséquence des individus frustrés et qui ne sont plus du tout en phase avec leur public. Le problème, c'est qu'ils n'ont pas songé à une fin concrète.

Vous devez d'abord commencer par tracer votre ligne d'arrivée.

Répondez aux deux questions ci-dessous :

Quel est l'intérêt de votre discours et de votre prise de parole ?

_____

De quoi voulez-vous que le public se souvienne (ou que voulez-vous qu'il fasse) après vous avoir écouté ?

_____

Sans surprise, il se peut que ce soit difficile d'arriver tout de suite à une réponse concrète. Mais vous *devez* y réfléchir jusqu'à obtenir une réponse claire et limpide.

C'est l'élément central autour duquel vous établirez une orientation et une direction claires.

Prenez l'exemple suivant. Vous êtes sur le point de quitter votre bureau et d'entrer dans votre voiture. À un moment où à un autre avant de démarrer, vous avez dû répondre correctement à la réponse suivante : « *À quelle destination dois-je me rendre ?* »

Je vous demande donc de vous poser la même question pour votre discours.

Jusqu'où devez-vous aller avec votre discussion ?

À quelle destination devez-vous emmener votre public ?

Une fois la lignée d'arrivée établie, vous pouvez commencer.

11. OUVREZ LES VANNES

Lâchez-vous !

Écrivez sur papier *toutes* vos idées.

Écrivez partout où vous avez de la place.

Écrivez même si ça n'a aucun sens.

Écrivez sans rien éditer.

Écrivez librement.

Écrivez abondamment.

Écrivez comme si vous une deuxième vie était en jeu.

Écrivez tout ce qui vous vient à l'esprit.

Si vous avez le temps, prenez une pause. D'autres idées arriveront plus tard dans la journée, peut-être au magasin. C'est toujours comme ça. À ce moment-là, revenez chez vous et écrivez.

Écrivez jusqu'à l'épuisement.

À l'heure de former votre discours et d'en déterminer les grandes lignes, vous avez ma permission de faire un brainstorming libre.

C'est le moment, c'est l'instant ! Ce sera sans doute la seule fois que vous aurez la liberté d'écrire tout le charabia que vous voulez.

Attention : Beaucoup de professionnels délivrent leur discours lors de cette étape et se demandent pourquoi leur public est tombé dans le coma, les yeux vides.

VOUS NE FEREZ JAMAIS ÇA.

« Tout orateur a une bouche ;
Et une composition bien préparée.
Parfois, elle est créée avec sagesse.
Parfois, elle est créée avec les pieds. »

Robert Orben

12. UN PROCESSUS DOULOUREUX

Une fois toutes les bonnes idées, pensées, histoires, analogies et autres exemples rassemblés après le brainstorming, c'est l'heure de passer à l'étape du filtrage.

C'est amusant au début, mais plus vous devez supprimer des éléments, plus le processus devient douloureux.

Si c'est en phase avec vos objectifs, vous gardez.

Si ce n'est pas le cas, *à la poubelle*.

Tout le monde pense avoir d'excellentes idées (et c'est peut-être le cas), mais l'esprit de votre public est *sans pitié*.

Malheureusement, vous n'avez pas le luxe d'être sentimental au sujet de votre contenu.

Si vous ennuyez ou embrouillez votre public, il ne fera pas attention à votre message.

Et il n'y aura pas de deuxième chance.

Ce livre contenait initialement plus de 500 pages (déjà éditées).

Imaginez la souffrance ressentie pour arriver à délivrer une version condensée de 60 minutes.

Si je dois parler dix minutes,
j'ai besoin d'une semaine de préparation ;

Si c'est quinze minutes, trois jours ;

Une demi-heure, deux jours ;

Si c'est une heure, je suis déjà prêt.

Woodrow Wilson

Rendez-vous compte que plus le temps pour transmettre votre message est limité, plus vous *devrez* travailler.

Je vois que j'ai réussi à vous faire réfléchir.

« Qu'est-ce que je prends, qu'est-ce que je laisse ? »

Je pensais que vous ne me poseriez jamais la question.

13. À PRENDRE OU À LAISSER ?

Vous n'aurez pas d'autre choix que de supprimer de nombreux paragraphes et de longs passages.

Les questions que vous devez vous poser sont :

1. Quel est le but de votre prise de parole ?
2. Cet argument est-il en rapport avec le résultat que j'aimerais obtenir ?
3. Est-ce que ça rentre dans l'agencement ?
4. Est-ce que c'est clair et limpide ? (J'en parlerai bientôt)

Souvent, lorsque nous travaillons avec des clients, nous supprimons tellement d'excellents passages que ces derniers utilisent le contenu mis de côté pour créer d'autres discours. Ils les gardent en réserve dans une banque de données pour un usage futur. Vous pouvez faire la même chose.

Parfois, vos arguments, pensées et idées peuvent sembler excellents au début, mais ensuite ça ne fonctionne tout simplement pas. Ou alors ça ne s'intègre pas à votre résultat.

Alors, que faites-vous ?

Supprimez.

Continuez à enlever chaque passage de « gras » en trop pour affiner le corps du texte, de la présentation, de l'argumentaire ou du discours public et finalement arriver à créer une terrible machine de guerre prête à affronter la concurrence féroce.

« Si vous ne pouvez pas l'expliquer simplement, alors vous ne le comprenez pas assez bien. »

Albert Einstein

14. EDWARD QUI ?

On se souvient rarement d'Edward Everett, l'orateur principal d'un grand événement.

Vous vous souvenez de lui ?

Ne vous inquiétez pas. Au fil des ans, seulement 5 % des participants de mon séminaire avaient déjà entendu parler de lui.

En 1863, Edward était l'orateur principal d'un événement lors duquel il a parlé plus de deux heures.

Alors, pourquoi aborder Edward et son discours de deux heures dont presque personne ne se souvient ?

Parce que vous avez sans doute entendu parler de l'autre personne qui a parlé après lui : Abraham Lincoln.

Il n'était *pas* l'orateur principal ce jour-là.

Il n'avait pas deux heures comme son homologue Edward Everett.

Pourtant, encore aujourd'hui, on se souvient d'Abraham Lincoln et de son fameux *discours de Gettysburg*.

La durée de son discours ?

Deux minutes. Dix phrases. 272 mots.

15. CAPTEZ LEUR ATTENTION

« Bonjour, mesdames et messieurs.

Merci d'être venus. Aujourd'hui, je vais... »

Commencez par ces mots et le subconscient de votre public lui donnera le signal (car il sait déjà ce qu'il va subir à cause de ses horribles expériences passées)

a. Cela va être ENNUYEUX !!!
b. Pourquoi je suis venu ? J'ai tellement de travail à terminer.
c. Quelle est l'option la plus confortable ? Je me tourne vers la gauche ou vers la droite pour faire une sieste ?

Vous avez déjà perdu le match avec votre introduction.

Si vous ne parvenez pas à captiver votre public dès le début, vous n'avez aucune chance de transmettre un bon message (peu importe votre talent).

Aujourd'hui, les gens pensent à beaucoup de choses, ils sont tous sous pression et fatigués.

Votre public sera généralement (et ne le prenez pas mal) distrait, stressé à cause de leur charge de travail, traumatisé par les e-mails à traiter, les enfants, le repas du soir, bref vous voyez le tableau.

Ce public n'a pas besoin d'une autre personne qui essaie d'accaparer de l'espace dans leur tête.

Si vous vous lancez comme tout le monde avant vous, votre discours aura l'effet d'une berceuse – *Bonjour, le coma !*

Il se peut que vous parliez à une salle comble. Mais rendez-vous compte que ce n'est qu'une salle pleine de corps.

La salle est mentalement vide.

Votre rôle, c'est d'attirer les esprits dans la salle.

Captez leur attention.

« Comment y arriver ? », je vous entends demander.

« Une mer calme ne rend pas
les marins habiles »

Proverbe africain

16. COMMENCEZ DIFFEREMMENT

« *Je pense que j'ai atteint le sommet de ma carrière* » étaient les premiers mots de Colin Firth quand il a accepté l'Oscar mérité pour son rôle dans le film « Le Discours d'un roi ».

Vous pouvez énoncer un fait surprenant, plutôt méconnu du grand public, pour attirer l'attention des gens. Par exemple, vous travaillez dans le secteur aéronautique et vous devez parler du thème de la sécurité en particulier.

« *Saviez-vous que la probabilité d'un accident mortel est 8 fois plus importante en voiture qu'en avion ?* »

Votre sujet peut être ennuyeux.

Votre sujet peut être important.

Mais vous n'avez pas le droit d'utiliser ces faits comme excuses pour engourdir votre public.

Soyez Créatif.

Commencez le discours depuis le milieu de la pièce.

Commencez à parler alors que vous êtes au fond de la pièce.

Commencez par mettre l'accent sur un dilemme.

Commencez par un fait.

Commencez par créer un impact.

Commencez par une citation.

Partagez une anecdote.

Commencez avec une distraction (qui se rapporte quand même à l'argument que vous énoncez).

Partagez et démontrez votre point à travers une action.

Imaginez que vous assistez à une conférence et que l'orateur décide, pour démontrer ses dires, d'arriver sur la scène en pyjama.

(*Si vous n'avez pas encore eu l'occasion de voir ça, tapez les mots anglais suivants dans Google : « Leadership Speaker Pyjamas »*).

Éveillez l'esprit de votre public ;

Captez l'attention de votre public, ou vous feriez mieux de rester chez vous.

« Celui qui échange la liberté pour la sécurité ne mérite aucun des deux »

Benjamin Franklin

17. ÇA NE M'IMPRESSIONNE PAS BEAUCOUP

Bien trop souvent, les conversations et les discours en public tournent mal parce que l'orateur pense que c'est le moment de satisfaire son propre ego.

J'ai vu des professionnels gaspiller leur temps de parole pour démontrer leur potentiel, leur connaissance du jargon, la complexité de leur scénario élaboré ou l'esthétique de leur présentation.

Ils parlent beaucoup pour ne rien dire, soi-disant pour prouver qu'ils sont intelligents.

Laissez-moi vous dire, cette approche n'a rien d'intelligente.

Elle ne fait que vous détourner de votre *objectif* d'orateur.

Votre but ultime n'est pas d'impressionner votre public.

Votre objectif est de *délivrer* votre message.

Accomplissez cet objectif et votre public sera impressionné.

Ce ne sera peut-être pas le « grand show » dont vous rêvez, mais ce n'est *pas* le moment de faire le show.

C'est le moment (le court moment) pour vous de transmettre le message voulu avec clarté, avec impact et avec dévotion.

Ne parlez pas pour ne rien dire.

N'utilisez pas de jargon compliqué (sauf si votre public est constitué exclusivement d'experts qui connaissent la terminologie).

Le vocabulaire que vous utilisez ne devrait pas être choisi pour impressionner les gens (sinon vous devriez envisager une carrière de rapper).

Ne prenez pas un air trop chic.

Restez simple.

Délivrez votre message avec simplicité, comme si vous vous adressiez à un enfant de 9-10 ans.

Comme tous les bons orateurs, Winston Churchill avait compris la puissance de la simplicité.

Quand il a délivré son fameux discours d'octobre 1941, il a opté pour un message clef et il l'a bien transmis :

« Ne jamais céder. Ne jamais céder. Jamais. Jamais. »

Un message clef répété encore et encore.

Concis.

Droit au but.

Voilà comment transmettre avec impact.

Vous *serez* alors impressionnant.

« Pensez comme un homme sage, mais communiquez dans la langue de tous »

William Butler Yeats

18. SOYEZ CLAIR ET LIMPIDE

Avez-vous déjà observé une rivière ?

La rivière s'écoule. Sans effort. Magnifique.

Quand vous prenez la parole pour transmettre un message, je veux que vous pensiez à ce message comme s'il s'agissait d'une rivière. Le débit d'informations doit sembler sans effort.

J'ai vu des gens prendre la parole et débiter une horrible quantité d'incohérences, avec l'espoir que leur public remettra de l'ordre dans leur message.

Arrêtez de rêver !

Si vos propos n'ont pas de sens pour vous, alors ils n'auront pas de sens pour votre audience.

Si c'est vague dans votre esprit, ce sera le chaos dans l'esprit de votre public.

Si votre public doit réfléchir à ce que vous dites, vous l'avez perdu.

Vous ne voulez absolument pas avoir un public qui peine à comprendre ce que vous venez de dire.

Il *décrochera* et arrêtera d'écouter. Point final.

Vous pensez que votre public n'a pas l'occasion de douter de ce que vous voulez vraiment dire ?

Votre public n'a pas le temps de penser à ce que vous venez de dire.

Relisez les lignes précédentes jusqu'à ce que ça rentre.

Pensez à ce que vous voulez dire. Dites ce que vous pensez.

Vos propos doivent être faciles à assimiler par les esprits de votre public.

Je ne suis pas en train de rabaisser les personnes de votre audience.

Elles sont intelligentes. Mais elles sont mentalement fainéantes.

C'est juste qu'elles ne veulent pas penser ou avoir à penser.

Elles ont besoin de pouvoir vous suivre sans difficulté.

Vous êtes celui qui a pris la parole.

Vous êtes celui qui transmettez le message.

Vous êtes responsable de la cohérence de votre message. Pas votre audience.

Rappelez-vous qu'une rivière s'écoule de manière claire et limpide.

Votre rivière d'informations s'écoule-t-elle sans effort ?

« Celui qui veut persuader doit se fier non pas à l'argument juste, mais au mot juste. »

Joseph Conrad

19. TRANSFORMEZ-LE EN FILM

Évitez de tout mémoriser.

Ce conseil peut sembler contre-intuitif, car beaucoup de professionnels expérimentés vous diront avec le sourire, et une fierté non dissimulée, qu'ils ont mémorisé l'entièreté de son discours ou présentation.

Vous allez finir avec un cerveau trop chargé, et au final cela vous gênera au moment crucial de tout donner.

Si vous voulez rester calme, serein et garder la tête froide avant de parler, *soulagez* votre cerveau de tout le contenu superflu.

Donnez une structure à votre message, créez un scénario comme dans un film.

Ensuite, comme dans tout film ou histoire, vous pouvez visualiser et vous souvenir des événements, car ils suivent une suite *logique*.

Souvenez-vous de la dernière fois que vous avez rattrapé le temps perdu avec un ami et revécu un film que vous avez vu, des vacances que vous venez de passer ou même votre dernier weekend.

Votre histoire avait un début, suivi d'une série d'événements et un point final.

C'était *limpide*. Vous vous souvenez ? Une rivière limpide.

Vous avez pu vous souvenir de tous les petits détails, ou vous avez juste oublié une petite chose ou deux.

41

Mais c'était limpide, du début à la fin.

Un simple scénario peut vous aider à visualiser et lier vos idées entre elles (à l'aide de déclics) du début à la fin.

Ne mémorisez pas votre discours. Transformez-le en film.

20. DONNEZ-LUI LA VIE

Beaucoup trop de professionnels prennent la parole et délivrent des messages remplis de faits et de chiffres.

Ils pensent que le public est constitué de créatures logiques.

Et non, désolé. Je déteste être celui qui doit vous l'annoncer, mais nous sommes des créatures émotionnelles. Nous préférons des images frappantes plutôt que des chiffres assommants.

Si vous voulez créer un impact en transmettant des faits, vous devez peindre un tableau dans les esprits de votre public.

Aidez votre audience à *se rendre compte* de ce que vous dites.

Fait : « *Burj Khalifa est la tour la plus haute du monde, à 828 m.* »

Cette phrase énonce un fait. Mais c'est juste un chiffre.

C'est loin de créer l'effet d'une image telle que, par exemple :

« *Burj Khalifa est tour la plus haute du monde. D'une hauteur de 828 m, c'est l'équivalent de 8 terrains de foot à la suite.* »

Vous êtes le peintre, et l'esprit de votre public est une toile blanche.

Provoquez leurs émotions. Explorez leurs sens.

Donnez de la couleur à votre message. Et de la nuance.

Donnez-lui du goût. Donnez-lui de la saveur.

Donnez-lui de la passion. Donnez-lui de la texture.

Votre public ne verra que ce que vous voyez, mais uniquement après avoir réalisé un bon travail pour leur peindre votre tableau.

« Je rêve de peintures,
puis je peins mes rêves »

Vincent Van Gogh

21. PROJETEZ VOTRE POUVOIR

« Mmmh », « euuuh », « enfin », « voilà », « vous voyez », « OK... »

N'y pensez même pas.

Faire une pause est synonyme de pouvoir.

Le silence met beaucoup de gens mal à l'aise.

Utilisez-le comme atout dans votre jeu de pouvoir.

Votre capacité à marquer une pause sans utiliser de mots parasites va vous aider à témoigner de la *confiance en vous* que vous avez.

Vous serez perçu comme une personne *à l'aise* et *aux commandes*.

Marquer une pause permet à votre public d'assimiler et de traiter ce que vous venez de dire.

Marquer une pause aura pour effet de laisser votre public suspendu à une falaise, dans l'attente que vous délivriez avec impact votre prochain argument.

Marquer une pause représente la ponctuation que vous utiliseriez si vous communiquiez par écrit avec votre lecteur.

Une pause vous offre stabilité et sang-froid.

Et pour être totalement honnête, marquer une pause vous donne quelques secondes pour vous reprendre (si vous avez perdu le fil de vos idées) et transmettre votre point suivant, avec puissance.

Vous avez saisi l'idée.

Pause.

« Un silence bien placé
a plus d'éloquence que la parole »

Martin Fraquhar Tupper

22. COURT ET PERCUTANT

Avec tout ce que vous avez appris jusqu'à maintenant, revoyez votre manière de parler.

Revisitez chaque élément.

Demandez-vous : « *Comment puis-je peaufiner ceci ? Comment rendre cela plus court ? Et plus percutant ?* »

Quand vous parlez, vos déclarations ne doivent être longues que par nécessité, pas par choix.

Vous voulez vous retrouver dans la même lignée que les grands orateurs, que les leaders d'opinion et les Présidents ?

Vous pouvez.

Voilà comment les orateurs les plus puissants parviennent à convaincre leur public. Ils utilisent :

a. Des phrases courtes
b. Des mots simples
c. Des termes accessibles auxquels tout le monde peut s'identifier

La qualité avant la quantité.

Privilégier le moins pour avoir le plus.

« Un discours doit être comme une
minijupe, suffisamment long pour couvrir
le sujet, mais suffisamment court
pour retenir l'attention. »

Anonymous

23. UNE CONCLUSION PRESIDENTIELLE

Les gens se souviennent du *premier* et *dernier* mot que vous dites.

Si on demandait à votre public de citer un point qu'il a retenu concernant votre message, quel serait-il ?

Quels sont le résumé et la raison liés à votre prise de parole ?

Quel est le message que vous aimeriez faire comprendre ?

La conclusion, c'est quand vous ralliez mentalement le public à votre action.

Quel est votre appel à l'action ?

Assurez-vous qu'il soit compris.

Suivez l'axiome de l'art oratoire : « *Développez une introduction puissante et captivante et une conclusion percutante et marquante, et faire en sorte que les deux soient aussi proches que possible.* »

Note : Si vous avez du temps, regardez les dernières minutes des campagnes de vos politiciens préférés qui s'expriment bien. Leurs conclusions devraient vous aider à *comprendre* leurs messages et leurs appels à l'action.

Terminez sur une note positive.

Terminez sur une note d'espoir.

Terminez sur un sourire.

Terminez avec élégance.

Terminez avec pouvoir.

Vos derniers mots vont marquer les esprits, choisissez-les bien.

« Yes We Can! »

Barack Obama

Slogan de la campagne 2008

24. VOUS ÊTES MEILLEUR QUE CE QUE VOUS PENSEZ

C'est ce que je crois.

Maintenant, il ne me reste plus qu'à vous le faire croire à vous aussi.

Tout d'abord, croyez au fait qu'il y a une raison pour laquelle on vous a choisi pour parler. Ce que vous avez à partager avec votre public a de la *valeur*.

Vous avez intérêt à y croire.

« Si vous pensez que vous pouvez ou que vous ne pouvez pas, vous avez raison dans les deux cas »

Henry Ford

Ensuite, laissez-moi vous montrer une réalité pour vous aider à renforcer votre confiance en vous afin de ne pas être le genre d'orateur qui motive à coups de blablabla.

Prenez un appareil d'enregistrement (un portable, un Smartphone ou une caméra si vous en avez encore une) et enregistrez-vous en train de réciter votre discours.

Vous allez :

a)   Vous rendre compte des zones que vous devez peaufiner.

b)   Comprendre ce que j'essaye de faire apprécier à beaucoup de mes clients lors de mes séances de groupe ou mes formations en tête à tête. À l'instar de chaque cas sur lequel je me suis penché, vous verrez que vous aurez la sensation d'être bien meilleur que ce que vous pensez.

À présent, il est temps de vous enregistrer, de vous regarder et de vous surprendre avec les résultats.

Je sais, je sais. Vous pouvez me payer un café lors de notre rencontre. Moi aussi, je vous aime.

25. GARDEZ LA TETE HAUTE

Dès que vous entrez dans la salle, ou même dès que vous sortez de votre voiture, dès qu'on vous remarque, *c'est parti* !

Votre posture (avec la tête haute) illustre votre confiance en vous et votre contrôle de la situation.

Vous devez marcher et vous tenir avec élégance.

Votre manière d'être est la texture que vous donnez à vos paroles.

Quand vous parlez, adoptez une position avec vos jambes écartées. Assez pour garder votre équilibre. Vous ne voulez pas remuer de gauche à droite ou vous balancer d'avant en arrière.

Vos épaules doivent être en retrait avec votre tête bien centrée, le regard posé sur le public.

Vous gardez la tête haute.

Vos voies respiratoires sont grandes ouvertes pour vous permettre de respirer et de parler avec aisance.

C'est une posture de gagnant.

Vous établissez votre autorité, vous montrez votre contrôle et vous paraissez à la fois à l'aise et compétent.

Incarnez votre rôle.

Soyez un gagnant.

Gardez la tête haute.

« Une bonne position et posture reflète un moral à toute épreuve »

Morihei Ueshiba

26. DESARMEZ ET CONNECTEZ

Savez-vous que les enfants sourient plus de 400 fois par jour ?

Ce chiffre tombe à 15 fois par jour en moyenne pour un adulte.

Quand il s'agit de parler en public, la moyenne est réduite à une poignée et encore, je suis généreux.

Bien des gens sont géniaux quand je les rencontre en tête à tête.

Ensuite, ils prennent la parole en public.

Tout à coup, ils semblent constipés (ce n'est pas beau à voir).

Laissez-moi vous dire une chose.

Avant la compétence vient *la bienveillance*.

Un visage blasé, grincheux ou constipé n'aide pas à donner un côté bienveillant.

Les êtres humains gravitent autour d'un sourire naturel.

Sourire (ou assister à un sourire) nous fait du bien.

Avant d'avoir une chance de démontrer vos compétences, vous devez conquérir votre audience. Sourire vous rend appréciable.

La bienveillance vous procure un public *à l'écoute*.

Vous pouvez dire à votre public que vous êtes heureux de les voir, d'être avec eux et de partager votre message. Mais votre visage doit également le montrer.

Vous pouvez dire tout ça avec un vrai sourire sincère.

Comprenez bien que votre expression facile doit correspondre à vos propos. À moins de transmettre un éloge funèbre ou de traiter avec les médias dans une situation de gestion de crise, sourire constitue le moyen le plus rapide et désarmer votre public et de vous connecter à lui.

C'est à vous de voir quand l'appliquer en fonction du contexte de votre discours, du « quand », du « où » et du « pourquoi ».

Ça ne vous coûte rien de sourire, mais ça vous procure une bonne volonté incommensurable.

Vous convaincrez la majorité de votre audience dès le début.

Sourire est une arme. Utilisez-la.

« Votre sourire est un messager
de votre bonne volonté »

Dale Carnegie

27. DEPLACEZ-VOUS UTILEMENT

Ne restez pas simplement derrière votre pupitre (sauf si vous délivrez un discours public retransmis au monde entier).

Ne vous cachez pas derrière des objets. Ils ne vous sauveront pas.

Ne vous déplacez pas inutilement.

Votre public quittera la salle effrayé et désorienté.

N'errez pas, ne remuez pas. Le public appellera les secours.

Ne restez pas planté au même endroit. Vous passerez pour un meuble.

Souvenez-vous, votre public a une capacité d'attention limitée.

Une fois que vous captez leur attention au début, vous devez garder leur attention tout au long du discours.

Vous devez les attirer avec tout ce que vous pouvez.

Utilisez l'espace que vous avez.

Selon la situation, il est possible que vous ne puissiez vous déplacer que dans un sens (comme sur une scène), dans ce cas, vous avez le choix entre *gauche, centre et droite.*

Si vous êtes dans une salle, vous pouvez utiliser tout l'espace.

Bougez. Mais déplacez-vous uniquement si c'est utile.

Allez d'un côté de la pièce avant de délivrer votre argument.

Vous pouvez ensuite signaler votre prochain argument en vous déplaçant à nouveau.

Cela va retenir l'attention de votre public, vous aider à couvrir l'espace et plus important encore, créer un impact lors de la transmission de votre message.

C'est bien mieux que d'être le type d'orateur accroché à son pupitre, vous ne pensez pas ?

« Vous pouvez avoir des idées brillantes,
mais sans savoir les transmettre,
vos idées ne vous mèneront nulle part »

Lee Iacocca

28. LE LANGAGE DES SIGNES

Les gestes sont cruciaux pour véhiculer un message. Une fois encore, ils doivent avoir un sens.

N'agitez pas les bras comme si vous aviez une attaque, ou comme si vous essayiez d'attraper 3 mouches pour le prix d'une.

Gardez vos bras au-dessus de la taille.

Vos gestes s'apparentent au langage des signes. Ils doivent être *en accord* avec votre message.

Vos mains ne devraient bouger que lorsque vous concluez un argument.

Si vous dites que c'est *grand*, assurez-vous que vos gestes reflètent bien cette idée et pas autre chose.

Je vous en supplie, n'essayez pas d'imiter un geste parce que vous avez vu une personnalité le faire, s'il vous plaît.

Une *pose percutante* ne fonctionne que pour ceux qui l'adoptent naturellement. Ce n'est pas une pose à garder pendant dix minutes juste parce que vous *pensez* qu'elle dégage de la force.

Non seulement vous ressemblerez à un idiot, mais vous paraîtrez également *faux*.

Votre public ne veut pas de faux-semblants. Ils veulent un orateur authentique.

C'est l'authenticité qui vous offrira le respect de votre audience.

Vous voulez paraître percutant ?

Prenez quelques gestes provenant de présidents ou de grands orateurs, choisissez ceux en raccord avec votre personnalité et ajoutez-les à votre répertoire. Vous seriez peut-être tenté par le *geste de la main en « C »* d'Obama ou *les doigts joints en triangle* de Donald Trump.

Peu importe votre choix, ça doit sembler naturel pour vous.

« Rien ne gêne plus le fait d'être naturel que de s'efforcer à faire comme si c'était le cas.

François de La Rochefoucauld

29. SOYEZ MAGNETIQUE

Ils sont séduisants. Ils sont charismatiques. Ils sont charmants. Ils sont énigmatiques. Ils ont une présence indéniable.

Ils ont ce petit truc qui fait toute la différence.

Ils attirent l'attention.

Voici quelques-unes des qualités attirantes que les gens remarquent auprès des grands orateurs.

Vous aimeriez devenir plus charismatique ?

Vous aimeriez avoir une présence forte ?

Et si vous pouviez devenir Magnétique ?

Facile.

Levez les yeux. Établissez un contact visuel.

Beaucoup font l'erreur de se lever et de baisser le regard.

D'autres regardent partout, mais évitent le plus important : *l'audience*.

Je sais ce que vous pourriez penser : « *Mais Kevin, c'est*

terrifiant de regarder un public de 5, 50, 500 ou 5000 personnes. »

Relax. Nous allons requalifier tout ça.

Vous ne donnez pas un discours à cinq cents personnes.

Vous parlez *en tête à tête*, cinq cents fois.

Divisez le public mentalement en six parties, en fonction de l'agencement.

L'arrière gauche	*Le centre*	*L'arrière droit*
L'avant gauche	*Le centre*	*L'avant droit*

Chaque fois que vous établissez un argument, regardez en direction de l'un de ces segments.

Plus important encore, concentrez-vous sur un visage qui est intéressé par ce que vous dites.

Regardez-le dans les yeux et donnez votre argument.

Parlez comme si vous discutiez avec lui en tête à tête.

Quand il est temps de passer au prochain argument, regardez un autre segment, choisissez un visage, regardez cette personne dans les yeux et transmettez votre message.

Vous allez passer plusieurs fois d'un segment à l'autre et vous aurez à chaque fois une conversation en tête à tête avec l'un des membres du public.

Tout d'un coup, l'addition de vos têtes à têtes aboutit à une bonne partie de votre public.

Avantages :

Vous créez des connexions personnelles, face à face.

Vous créez des fans admiratifs au sein de votre public.

Vous impliquez votre public et vous le forcez à contribuer.

Établissez des connexions personnelles en regardant les gens dans les yeux, en maintenant votre regard lors de votre argumentaire (de manière courtoise sans paraître insistant)

Les yeux sont en effet *le miroir de l'âme* et quand vous établissez ce contact de manière à désarmer, votre audience pourra voir directement en vous et déceler votre authenticité.

Ils vous trouveront tous magnétique, et vous le sentirez.

30. LA VOIX

Vous voulez être entendu.

Vous voulez être compris.

Vous voulez délivrer votre message de manière claire.

Votre habileté à parler avec une voix qui impose l'autorité, l'aisance, l'enthousiasme et la grandeur ajoute du poids au contenu de vos propos.

Ce désir entraîne cependant une erreur fréquente : des gens qui parlent bien trop fort.

Ils veulent que leur message aboutisse, alors ils le *crient*.

« Moins les gens en savent,

plus ils crient »

Seth Godin

Hurler votre message ne jouera pas en votre faveur. Cela va casser les oreilles de votre public et le détourner du message que vous essayez de faire passer.

Note : parlez trop bas va aussi détourner l'attention de votre audience. Au lieu d'écouter votre message, ils débattront pour déterminer les mots que vous venez de marmonner.

Vous voulez une voix dominante.

Vous voulez une voix claire.

Vous voulez une voix authentique, votre voix.

Varier les intonations vous permettra de mettre l'accent sur les points principaux.

Bonheur, tristesse, empathie, passion – tout peut être communiqué avec votre voix.

Imaginez que *vos propos* deviennent des ébauches de peintures dans l'esprit de votre audience. Vous avez tracé les contours avec votre posture, vos gestes et déplacements. Votre voix est l'élément qui donnera la couleur et la vie à ces peintures (et *comment vous le dites*).

Dès que je commence à travailler avec mes clients, je leur dis d'arrêter d'utiliser leur *posture de voix nonchalante*. Vous savez, cette posture (et la voix qui va avec) que vous avez après une longue journée.

Vous êtes épuisé et vous n'aspirez qu'à vous traîner jusqu'à votre lit.

Ne parlez pas « en surface » (en utilisant seulement l'air dans votre bouche).

Vous voulez et vous avez besoin d'une voix forte, qui vient du torse.

Placez vos mains juste en dessous votre cage thoracique et

ressentez les mouvements de longues inspirations qui gonflent votre diaphragme. Votre main devrait bouger vers l'avant et vers l'arrière (et non de haut en bas).

Vous vous souvenez de la leçon de Maman ? Prenez de longues inspirations et commencez à parler.

Faites surtout attention à projeter votre voix depuis le diaphragme.

Ça va vous sembler bizarre au début, mais il s'agit de votre *vraie voix,* votre véritable voix.

Avec de l'entraînement, vous captiverez votre audience avec votre véritable voix.

Vous aurez un incroyable sentiment d'autorité, de contrôle et de paix avec cette voix qui vient de si profond.

Votre public entendra et ressentira cette différence remarquable.

Souhaitez la bienvenue à la voix de votre futur.

31. JE VEUX ÊTRE OBAMA

Non, ce n'est pas vrai (même si c'est incontestable qu'Obama est un grand orateur).

Mais vraiment, vous ne voulez pas être Obama.

OK, je vais devoir vous briser le cœur (c'est ça, l'amour vache), car c'est à moi de vous l'annoncer :

Vous ne serez *jamais* Obama.

Si ça peut vous consoler – Obama ne sera jamais vous non plus.

L'erreur que beaucoup commettent (et que vous pouvez constater avec des filles qui se défigurent à coup de mauvaises opérations de chirurgie esthétique), c'est qu'ils veulent être quelqu'un d'autre.

Vous ne pouvez être personne d'autre que vous-même.

Ne vous lancez pas dans un combat perdu d'avance.

Au mieux, vous pourrez « *ressembler à Obama* ». Et ressembler à quelqu'un n'est pas un compliment.

Vous ne pouvez pas être meilleur que quelqu'un (ou le battre) quand il s'agit d'être lui, et l'inverse est également vrai.

Vous pouvez juste être le meilleur de vous-même.

Utilisez les aspects d'Obama pour vous inspirer, pas pour imiter.

Soyez vous-même.

Ne soyez pas influencé dans vos actions.

32. TROU NOIR

Que faire lorsque vous parlez et que soudain, c'est le trou noir ?

Ne vous inquiétez pas, ça arrive.

« Le cerveau humain commence à
fonctionner dès votre naissance
et ne s'arrête jamais jusqu'au moment
où vous devez parler en public »

George Jessel

Je vais vous donner deux techniques qui vous seront à jamais utiles quand il s'agira de parler en public.

a)   La première technique, c'est l'utilisation des *déclics*.

Au cours de votre scénario, *les déclics* vous permettront de vous souvenir et de connecter les points entre eux. Les techniques suivantes vous aideront à communiquer de manière percutante.

i)   Créez une liste de vos différents points (1. 2. 3. 4. 5.).

ii)   Des histoires avec des moments clefs (des hauts et des bas qui vous conduisent mentalement à la scène suivante)

iii) L'utilisation de vos doigts (c'est une manière physique de créer une liste qui vous aidera à vous rappeler)

iv) Les mouvements corporels (certains points de l'histoire sont associés à des mouvements qui vous permettront de visualiser ce qui vient après).

a) La deuxième a déjà été évoquée : requalifier votre monde.

Requalifiez votre public, d'*ennemis jurés* à *amis*.

Vous êtes entre *amis*.

À quoi servent les amis ?

Pensez à eux comme dirait Jerry McGuire : « *Aidez-moi, aidez-vous.* »

Si jamais vous souffrez un jour d'un trou noir et que vous n'avez aucune idée d'où vous êtes, avouez-le à votre public et demandez-lui de vous aider.

C'est ce que je fais. Et on me paie pour parler.

Je l'ai souvent répété à mon audience : « *Vous savez quoi, je dois être un poisson rouge, hors de l'eau, parce que je n'ai aucune idée de ce que je disais. Où j'en étais, les amis ? *»

Le public rit (1 point), ils découvrent mon authenticité (1 point) et ils contribuent activement en me rappelant (et eux aussi par la même occasion) ce que je viens de dire (1 point)

En dix secondes, vous avez ciblé la peur de la plupart des gens pour l'utiliser à votre avantage.

C'est l'avantage de considérer votre public comme des amis.

Bon, maintenant, où j'en étais ? N'est-ce pas ? ☺

33. ARRIVEZ A L'AVANCE

Où devez-vous parler ?

Allez jeter un coup d'œil au décor. Imprégnez-vous de l'endroit. Faites un tour des environs.

C'est magnifique de voir à quel point ce petit tour peut influencer positivement votre résultat final.

Peu importe si vous y allez le jour précédent ou même une heure avant, avoir accès à l'endroit où vous allez donner votre discours, savoir où vous allez vous positionner pour parler, voir l'agencement, s'imprégner de la taille de la salle/auditoire, effectuer quelques essais acoustiques, tout sera utile.

Votre esprit va emmagasiner le contexte, les sensations, les alentours. Quand il sera l'heure d'y aller, votre esprit pensera qu'il s'agit d'un endroit familier et vous aidera à vous sentir plus à l'aise.

Faites bien attention à ce que je vais vous dire maintenant.

Arriver à l'avance vous permet de jouer les hôtes *officieux*, de rencontrer les participants lorsqu'ils arrivent, de parler un peu avec eux, de connaître leurs noms et de tisser des liens.

Cela vous rendra plus appréciable dans l'esprit des gens avec qui vous essayez de vous lier.

Quand les gens vous apprécient, ils vous croient.

Quand les gens vous croient, ils vous écoutent.

Le fait que vous preniez le temps d'apprendre à les connaître va augmenter de manière significative les chances qu'ils vous apprécient, qu'ils vous croient et, quand c'est important, de vraiment vous écouter.

« On ne fait pas d'omelette
sans casser des œufs »

Proverbe

34. SUR MESURE

Faites une place à l'audience et intégrez-les à ce que vous dites.

Comme un costume taillé sur mesure, rien n'est plus élégant qu'un message créé sur mesure.

Vous vous démarquerez et vous aurez l'air au top.

Cherchez toujours à comprendre :

1. Qui est votre public ?

2. Quel est le contexte ? Y a-t-il des questions brûlantes ?

3. Pourquoi prenez-vous la parole ?

4. Quelle est l'attente qui découle de votre discours ?

Faites tout votre possible pour constamment personnaliser votre message à chaque fois que vous en avez l'occasion.

Exemple A : Vous pouvez inclure des remerciements à votre public qui a fait un long voyage pour assister au lancement international de votre produit en disant : « *Tout comme Tony Gonzalez qui a voyagé depuis le Mexique pour nous rejoindre ici en Malaisie, je voudrais remercier chacun d'entre vous d'avoir pris le temps et d'avoir fait l'effort d'être avec nous aujourd'hui. Vous allez adorer les qualités et* *les avantages que notre nouveau gadget vous apportera à vous et à vos clients.*

Exemple B : Il se peut que vous représentiez votre gouvernement et donniez un discours en public à une conférence sur « les énergies vertes », qui vise à stimuler les cerveaux de la jeunesse.

Si vous arrivez à l'avance, vous pouvez rencontrer un certain nombre de participants, dont un gentleman trentenaire qui est clairement un passionné du sujet. Il partage avec vous quelques détails sur les avancées mises en œuvre par son équipe.

Parmi les arguments que vous pouvez énoncer dans un discours évidemment clair et bien élaboré, vous pouvez parler de votre conversation comme un exemple de la vie réelle qui étaye l'argument que vous avancez.

« Je crois que nous avons de grandes réserves d'énergie inexploitées qui proviennent de ressources naturelles, et plus encore, des talents présents tout autour de nous. Prenez Khalid par exemple, qui a partagé avec moi quelques idées brillantes sur lesquelles lui et son équipe travaillent depuis l'année passée. Je suivrai assurément l'avancée de ces projets avec lui, mais laissez-moi vous dire que les opportunités et les talents sont tout autour de nous. Nous devons juste nous réveiller et les chercher activement.

Souvenez-vous : Nous apprécions tous recevoir un message personnalisé.

35. DISSIPEZ LE MALAISE

S'il y a un malaise dans la salle, vous devez l'évoquer.

Crise et licenciements ? Parlez-en.

Des défis auxquels il faut faire face ? Parlez-en.

Des erreurs commises ? Parlez-en.

Une date historique importante, mentionnez-la.

Qu'il s'agisse d'un problème stupide ou grave, il doit être abordé.

Il y a quelques années, j'effectuais une tournée de conférences. Lors de mon passage aux Émirats arabes unis, j'ai donné un discours d'ouverture à un groupe. 15 minutes plus tard, la première question que l'on m'a posée n'avait rien à voir avec mon intervention.

La jeune femme au fond de la salle a pris un micro et m'a demandé : « *D'où vient votre accent ?* »

À cause de mon parcours atypique et de mes nombreux voyages, on dit souvent que j'ai un drôle d'accent qui fait un peu *no man's land*.

Selon moi, c'était un élément minime et insignifiant. J'avais tort.

Un malaise était apparu lors de la transmission de mon message. J'ai appris la leçon et je m'occupe maintenant du problème dès le départ, avant d'entamer le discours.

Certains malaises sont plus importants que d'autres.

Mettez-vous à la place de votre audience.

Devinez ce qu'elle pourrait être en train de penser.

A-t-elle des questions ? Des inquiétudes ?

Ne négligez pas les choses, abordez-les à l'avance.

Berkshire Hathaway, la société d'investissement de Warren Buffet (dont l'action unique dépasse généralement les 100 000 $) a l'habitude de commencer son rapport annuel en expliquant à ses investisseurs les problèmes rencontrés à l'heure de surmonter les défis. Et c'est seulement après qu'ils parlaient de leurs résultats.

Si votre public estime qu'un problème doit être mentionné, abordez-le.

Si vous ne le faites pas, vous perdez votre temps.

Votre public ne vous écoutera pas.

Il n'y parviendra pas.

Le malaise sera dans le chemin.

« Les intellectuels règlent les problèmes, les génies les évitent »

Albert Einstein

36. LA PRATIQUE, C'EST SURFAIT

Non, ce n'est pas vrai.

Lorsque votre message est structuré de manière claire et limpide, la pratique est absolument indispensable.

Il y a bien des années, j'ai rencontré Sir Anthony Hopkins à Sydney. La présence incroyable dégagée par cet homme lorsqu'il joue n'arrive pas toute seule alors qu'il arrive simplement les mains dans les poches sur le tournage. Il passe en revue le scénario des centaines de fois. Il devient littéralement les personnages qu'il joue. Son dévouement d'acteur et d'orateur est sans limites.

Maintenant, je ne dis pas que vous devez vous mettre dans la peau du personnage à chaque fois (bon, en fait, vous devriez si vous en avez le temps), mais vous devez vous rendre compte que la crème des orateurs pratique inlassablement.

Plus vous êtes préparé, plus vous serez à l'aise, confiant et plus vous aurez le contrôle.

Plus vous aurez de la pratique et de l'expérience, plus vous serez détendu au moment de restituer votre message.

Vous pouvez donc vous concentrer sur l'impact de votre discours.

Tout ce que je partage avec vous tout au long de ce livre permet de s'assurer que vous puissiez vous entraîner à votre aise.

Les meilleures personnalités politiques et PDG s'entraînent sans relâche. Ils trouvent du temps entre leurs rendez-vous pour s'exercer. Ils pratiquent toute la journée, toute la nuit, lors des pauses de midi, entre les réunions, en marchant dans la rue, aux toilettes, partout, sans exception. Il se peut que vous m'ayez croisé dans votre ville alors que je parlais tout seul comme un fou. C'est la pratique.

Prenez les comédiens, ils inventent de nouveaux sketchs et ils les essaient dans des bars de quartier. Ils observent les réactions pour voir ce qui fait mouche, ce qui ne va pas, ce qui doit être peaufiné, ce qui doit être enlevé.

Dès que vous en avez l'occasion, pratiquez.

Pratiquez mentalement, physiquement, oralement et visuellement.

Vous ne pouvez pas juste lire un texte et dire que c'est de l'entraînement.

Il s'agit de parler en public. Vous devez parler.

Quand vous vous entendez parler, vous entendez ce qui doit être changé, la fluidité de votre contenu, les ajouts et suppressions qui doivent être apportés. C'est magique à quel point vous pouvez vous corriger simplement en vous écoutant parler.

Si vous avez le temps, invitez quelques amis. Vous avez peut-être un chat qui devra endurer quelques séances de torture oratoire. Et au pire, basez-vous sur des retours crédibles et indéniables : ceux de votre miroir.

« N'ayez pas peur
de parler à vous-même.

C'est la seule manière d'être sûr
que quelqu'un écoute »

F.P. Jones.

37. LE JUGEMENT DERNIER

Ne jamais juger un livre à sa couverture.

Et pourtant, nous l'avons déjà tous fait.

Votre public vous jugera, que vous le vouliez ou pas, ou que vous le méritiez ou pas.

C'est votre rôle de le convaincre sur tous les aspects possibles.

Voici quelques points que vous devez *absolument* remporter.

J'ai ajouté ce chapitre, car je suis, encore aujourd'hui, étonné que certaines questions de bon sens fassent encore défaut à certains.

1. Faites bonne impression. Je ne devrais même pas le mentionner. Mais je le fais. Habillez-vous correctement pour l'occasion. Ayez l'air irréprochable. En cas de doute, choisissez l'option la plus classe.

2. Sentez bon. Une fois encore, cela va sans dire, on a tendance à préférer les gens qui sentent bon. Prenez une douche avant de devoir parler. Vous devez être propre et frais. Avoir une mauvaise hygiène corporelle est gênant et va distraire votre public.

3. Vous devez vous sentir bien. De la tête aux pieds, portez uniquement des habits dans lesquels vous êtes à l'aise. Ne portez pas une jupe en soie à 300 € si vous êtes allergique à la soie. L'important n'est pas la somme d'argent investie dans votre tenue ou le rendu de la caméra. Vous voulez paraître au top et non pas ressembler à quelqu'un qui se gratte les puces. *C'est distrayant.*

38. LE TEMPS EST ECOULE

Le public applaudit – *parce qu'ils veulent qu'il quitte la scène.*

Votre public ne va pas apprécier qu'une présentation de vente de 30 minutes finisse par durer 90 minutes, ou qu'un discours en public de 8 minutes à la base prenne au final 27 minutes.

Respectez les délais. En fait, finissez même *avant* le délai imparti.

Personne ne se plaint quand vous finissez en avance.

Votre public appréciera le fait que vous terminiez à l'heure ou même avant l'heure prévue.

Le sentiment que vous devez créer auprès de votre audience quand vous la quittez, c'est : « *Je veux en savoir plus* ».

Que vous fassiez une apparition de *trois minutes* à la TV dans une émission sur l'économie, que vous dirigiez une réunion d'affaires ou que vous donniez un discours sur scène, respectez les délais.

C'est un critère non négociable pour votre image en général et pour vos résultats finaux.

Prenez congé de votre public quand ils en veulent plus.

« Soyez sincère, soyez bref, soyez assis »

Franklin Roosevelt

.

39. VISUALISEZ LE SUCCES

Imaginez-vous en train de donner un très bon discours.

Visualisez les interactions.

Visualisez le public qui applaudit, car il a apprécié votre intervention.

Le public a participé.

Il a compris votre message clair qui l'a inspiré au point d'agir (en fonction de l'objectif de votre discours).

Visualisez l'ensemble de votre prestation, imaginez-vous en train de transmettre votre message de manière percutante du début à la fin.

Vous avez géré.

Recommencez cette visualisation autant de fois que possible.

Votre esprit ne différencie pas la réalité de la fiction.

Quand il sera temps d'agir, votre subconscient vous dira :
« Hey, ça me semble familier, on l'a déjà fait. Je sais exactement comment ça se passe. On va casser la baraque. »

« Il y a toujours trois discours,
à chaque fois que vous en donnez un.
Celui que vous avez pratiqué,
celui que vous avez donné, et celui que
vous auriez aimé donner.

Dale Carnegie

40. LEVEZ-VOUS. PARLEZ !

Le talent de Martin Luther King, de Winston Churchill et de John F. Kennedy a permis de capturer l'imagination de leur public, de leurs concitoyens et de leur nation.

Ils ont transmis leur message d'une manière percutante pour que tout le monde se souvienne d'eux et de leurs messages.

Vous pouvez aussi y arriver, peu importe qui vous êtes, peu importe la position dans laquelle vous êtes.

J'ai mentionné quelques-uns des "Meilleurs", car ils ont débuté à un stade qui peut sembler très familier à bon nombre d'entre nous.

Martin Luther King (MLK) a touché et ému son public, et ce n'est pas simplement en lisant son texte. Il lui a donné *vie*. Il a touché les gens au plus profond de leurs cœurs et de leurs âmes.

Ça s'attrape avec de l'entraînement. MLK a reçu une note moyenne (14/20) dans son cours d'expression orale au lycée.

Winston Churchill (WC) a inspiré toute une nation. Peu de gens le savent, mais il n'était pas un très bon orateur au début. Il a passé des heures, des jours, des semaines sans répit à s'exercer et à retravailler ses discours.

Si vous voulez tout savoir, WC avait toujours les mains moites et il souffrait même de crises de larmes alors qu'il se préparait à donner son discours. Il lui arrivait aussi de bégayer.

John F Kennedy (JFK) a travaillé d'arrache-pied pour devenir l'orateur talentueux qu'il incarnait. Il y est arrivé avec de la pratique, de l'accompagnement et beaucoup d'efforts.

JFK avait l'habitude d'avoir les mains et les genoux qui *tremblaient* lorsqu'il a commencé sa carrière.

Le dénominateur commun entre tous ces *Formidables orateurs*, c'est qu'ils ont pris le temps de développer et de peaufiner leurs techniques de communication orale pour que ça devienne un art.

Vous pouvez aussi y arriver.

De l'entraînement, des efforts, de la concentration, des connaissances, de la pratique – *en toutes circonstances*.

Ce livre vous a offert toutes les bases nécessaires pour bien commencer.

Vous ne pouvez que vous améliorer, mieux transmettre votre message et mieux vous sentir pendant l'action.

Faites entendre votre message. Parlez !

« Devenez tellement doué

qu'ils devront vous remarquer »

Steve Martin

SUR UNE ÉCHELLE DE 1 A 10

COMMENT JUGEZ-VOUS A PRESENT

VOS COMPÉTENCES ORALES EN PUBLIC ?

1   2   3   4   5   6   7   8   9   10

Pas vraiment à l'aise   Confiance totale

POUVONS-NOUS VOUS AIDER, VOUS ET VOTRE GROUPE ?

Placement de la Voix

Langage Corporel

Écriture de Discours

Formations Présentations

Formations dans la Vente

Formations Discours

Compétences sur Scène

Formations avec les Médias

Observations

LES TYPES DE SERVICES COMPRENNENT :

Entraînements particuliers et présentations en personne

Coaching en communication en entreprise et qualités de meneur

Séminaires privés en groupe

Gestion de crises

Conseils en communication

Informations et Réservations :

Info@KevinAbdulrahman.com

"Développer d'excellentes aptitudes
en communication est primordial
pour être un meneur efficace.

Le meneur doit pouvoir partager
ses connaissances et idées pour transmettre
un sentiment d'urgence et d'enthousiasme
aux autres.

Si un meneur ne sait pas transmettre
un message clair pour motiver les autres
et les inciter à agir, alors avoir un message
n'a même plus d'importance"

Gilbert Amelio

www.ingramcontent.com/pod-product-compliance
Lightning Source LLC
Chambersburg PA
CBHW070908180526
45168CB00005B/1978